Nerón

Una fascinante guía del último emperador de la dinastía julio-claudia y cómo gobernó el Imperio romano

© Copyright 2020

Todos los derechos reservados. Ninguna parte de este libro puede ser reproducida de ninguna forma sin permiso escrito del autor. Los reseñadores pueden citar pasajes breves en las reseñas.

Descargo de responsabilidad. Ninguna parte de esta publicación puede ser reproducida ni transmitida de cualquier forma o por cualquier medio, mecánico o electrónico, incluyendo fotocopias o grabaciones, o mediante cualquier sistema de almacenamiento o recuperación de información o transmitido por correo electrónico sin permiso escrito del editor.

Puesto que se han hecho todos los intentos posibles para verificar la información proporcionada en esta publicación, ni el autor ni el editor asumen ninguna responsabilidad por errores, omisiones o interpretaciones contrarias del asunto que se trata en el mismo.

Este libro solo tiene propósito de entretenimiento. Los puntos de vista expresados son únicamente los del autor y no deben ser tomados como instrucciones o mandatos de expertos. El/la lector/-a es responsable de sus propios actos.

El cumplimiento de todas las leyes y normativas aplicables, incluyendo las leyes internacionales, federales, estatales y locales que regulan la licencia profesional, las prácticas de negocios, la publicidad y todos los demás aspectos de hacer negocios en Estados Unidos, Canadá, Reino Unido o cualquier otra jurisdicción es responsabilidad única del comprador o lector.

Ni el autor ni el editor asumen ninguna responsabilidad u obligación, cualquiera que fuera, en nombre del comprador o lector de estos materiales. Cualquier parecido percibido con cualquier individuo u organización es totalmente accidental.

Índice

INTRODUCCIÓN 1
CAPÍTULO 1 - LOS PRIMEROS EMPERADORES 3
CAPÍTULO 2 - EXILIO 9
CAPÍTULO 3 - AGRIPINA MUEVE LOS HILOS 13
CAPÍTULO 4 - MATRICIDIO..18
CAPÍTULO 5 - FUERA DE CONTROL 26
CAPÍTULO 6 - ROMA EN LLAMAS 31
CAPÍTULO 7 - ARREPENTIMIENTO..36
CAPÍTULO 8 - EL ÚLTIMO ASESINATO 40
CONCLUSIÓN 45
FUENTES 47

¡Qué gran artista muere conmigo!
- Nerón

Introducción

Dicen que Nerón tocaba el violín mientras Roma ardía. Y aunque el violín no sería inventado hasta varios cientos de años más tarde - Nerón realmente cantaba "El Saqueo de Ilión" mientras Roma se quemaba, presuntamente, al menos - el famoso mito resume la actitud de Nerón hacia su tremenda responsabilidad. Nerón estaba, de hecho, más interesado en el arte y la cultura de lo que nunca estuvo en convertirse en el emperador de Roma.

La extravagancia de Nerón se ha convertido en nada menos que legendaria. En su día, fue increíblemente destructiva para su pueblo, particularmente después del Gran Incendio de Roma, un incendio que incluso podría haber comenzado él. En lugar de acudir en ayuda de los diez distritos que habían sido dañados por el fuego, Nerón aprovechó el espacio extra para construirse un palacio dorado. Asesinó, entre otros, a su propia madre, su exmujer y su hermanastro. Además, fue un violador, abusó sexualmente de niños y fue un abusador brutal.

Pero también fue un artista, al menos, él creía que lo era y quería ser artista desde que era niño. Pero un desafortunado lanzamiento de los dados del destino le arrancó del cómodo hogar de su tía y le abandonó en el palacio de Roma, y finalmente, fue arrojado al trono de Roma en el año 54 d. C. Los siguientes catorce años fueron algunos de los peores en la historia de Roma, mostrando realmente lo peor de la humanidad.

Porque la verdad es que Nerón pensaba que era un artista. Pero la historia revela que era poco más que un monstruo.

Capítulo 1 – Los primeros emperadores

Según cuenta la leyenda, cuando una loba se encontró las temblorosas formas de unos gemelos acurrucados en la orilla del Tíber, nació un reino que se transformaría en una entidad que tendría un inexorable impacto en la historia, la sociedad y la mitología, una entidad cuyos increíbles logros e innegable poder crearon pequeñas olas que todavía se dejan sentir en el gran mar del tiempo hasta nuestros días, miles de años después: la antigua Roma.

La antigua leyenda cuenta que esos gemelos de noble origen, Rómulo y Remo, fueron criados por una loba para convertirse en poderosos guerreros. Rómulo, el más fuerte de los dos, finalmente mató a Remo y se convirtió en el rey de la ciudad a la que llamó Roma.

La explicación más rigurosa históricamente comienza con un puñado de pequeñas aldeas construidas en las inmediaciones de siete colinas en lo que finalmente sería conocido como Italia. Probablemente amenazados por las tribus etruscas vecinas, estas aldeas se aliaron para defenderse. La fuerza que encontraron en la unidad fue suficiente para hacer que la pequeña confederación creciera hasta convertirse en un reino por derecho propio. La tradición enumera siete reyes que gobernaron sobre Roma, mientras el reino se convertía en lo bastante poderoso para que los etruscos cesaran de intentar luchar y, en cambio, se unieran a ellos.

Los primeros seis reyes de Roma fueron gobernantes buenos y benevolentes, pero el séptimo, Lucio Tarquinio el Soberbio, fue un déspota y un tirano. Él fue el primero de los muchos gobernantes terribles que harían crecer la leyenda de su incompetencia y maldad. Aunque sus terribles actos han sido probablemente exagerados por los historiadores de la Antigüedad, el Soberbio fue lo suficientemente malo para que el pueblo de Roma decidiera que estaba cansado de él en el año 509 a. C., y no solo cansado de él, sino cansado de los reyes y las monarquías en su totalidad. A partir del derrocamiento del Soberbio, se pondría en pie un nuevo sistema de gobierno, uno de cuyos ideales se hacen eco las administraciones de muchas naciones hoy en día: la república. La primera república de todas.

Durante los siguientes cuatro siglos, la República de Roma sería gobernada basada en ideas que fueron extremadamente avanzadas para su época. Dos cónsules gobernaban sobre la ciudad en crecimiento, sus mandatos duraban solo un año. Mientras el poder de los cónsules era absoluto, reinaban sobre asuntos religiosos, civiles y judiciales, sus cortos mandatos limitaban el daño que pudieran hacer. Los cónsules eren elegidos por un consejo de senadores, que también actuaban como consejeros de los cónsules.

Quizá las ideas más progresistas de todas las de la República de Roma fueron sus asambleas, que consistían en grupos de personas corrientes que pudieran tener una cierta capacidad para votar y decidir en asuntos del esta, incluyendo guerras, leyes y la elección de cónsules.

La República de Roma demostró que era más fuerte que las insignificantes monarquías circundantes, y mientras los siglos pasaban velozmente, creció y creció. Primero, la República de Roma gobernó sobre una única ciudad y sus alrededores; entonces, sus ejércitos comenzaron las conquistas, y una tras otra, las naciones circundantes cayeron ante ella. La península itálica fue la primera en caer; poco tiempo después, la gran ciudad de Cartago y la nación del norte de África cayeron y fueron absorbidas por la república en expansión. Macedonia y otras áreas de Europa pronto las siguieron.

Al final, el gran éxito de la república se convertiría en su mayor fallo. El gobierno que había tenido tanto éxito cuando la población de Roma era manejable, no podía sostenerse en pie en el difícil ámbito de los territorios en expansión. Los caudillos militares empezaron a aumentar su rango gracias a sus logros militares, y uno después de otros, causaron el caos durante sus mandatos como cónsules, que en ese momento se había ampliado para durar varios años.

A causa de esta locura, puesto que los territorios de la república continuaban creciendo y su gobierno continuaba retorciéndose por los conflictos internos, surgió uno de los romanos más famosos de la historia; Cayo Julio César. Siendo él mismo un hombre del ejército, César era más que solo un consumado militar. Era un genio de la estrategia con una cabeza brillantemente fría para la política y, tras formar una alianza con otros dos generales: Marco Licinio Craso y Cneo Pompeyo Magno (más conocidos como Craso y Pompeyo, respectivamente), consiguió derrocar con éxito los viejos modos republicanos y establecerse como líder vitalicio de Roma en el año 49 a. C. Su mandato tuvo una vida más corta de lo que él había imaginado, terminando cuando fue brutalmente apuñalado hasta la muerte por sus propios senadores en el año 44 a. C., pero había triunfado en conseguir el final de la República de Roma.

El sucesor de César fue un joven ambicioso que, bajo el nombre de Octavio, sería el que golpearía el hierro fundido de la República de Roma para convertirlo en el punzante y afilado acero que se convertiría en el Imperio romano. Después de formar alianzas con otros generales, Octavio finalmente los venció a todos, siendo la derrota más famosa la de Marco Antonio y su amante egipcia, Cleopatra, en la batalla de Accio en el año 31 a. C. Cuando Antonio estuvo fuera de su camino, Octavio apareció como el único gobernante de Roma, tomando el título de César Augusto. Aunque él nunca se dio ese nombre durante su vida, pasaría a la historia como el primer emperador de Roma.

Augusto puede que se hubiera apropiado de todo el poder para sí mismo, pero tuvo éxito al darle a Roma algo que había faltado dolorosamente en los últimos días de la república: paz y estabilidad. Con un emperador en el trono, el pueblo de Roma sabía que permanecería en pie. Las desordenadas elecciones y las rivalidades entre senadores fueron resueltas rápidamente cuando un solo hombre tuvo poder sobre todos ellos. Es más, el título había pasado a ser semi hereditario, aunque el emperador tuviera el poder de adoptar a cualquiera que le gustara como su hijo legítimo y prepararle para ser su sucesor. Augusto pasó mucho tiempo de su reinado ocupado intentando que uno de sus sucesores le sobreviviera. Su sobrino biológico y sus nietos murieron todos jóvenes y, por tanto, cuando Augusto descansó por fin tras 56 años de gobierno, en el año 14 d. C., fue sucedido por su hijastro, Tiberio.

Aunque Tiberio fue extremadamente impopular durante su vida y ha pasado a la historia como un tirano despiadado y uno de los gobernantes más inmorales sexualmente en la historia de la humanidad, su primer reinado fue moderado y sabio. En lugar de buscar la continuación de la vasta expansión que había experimentado el Imperio romano, que ahora comprendía Egipto, Armenia, Alemania y Francia, por nombrar solo algunos territorios, Tiberio se centró en mejorar la economía romana durante varios años. La pérdida de todos aquellos a los que amaba, incluyendo sus esposas, su hermano y la mayoría de sus hijos, finalmente condujo a Tiberio a buscar la felicidad en otra parte. Se retiró a la infame isla de Capri, donde se convirtió en un despreciable y lujurioso viejo pecador que se entregó a los más innombrables actos sexuales en sus formas más perversas.

Fue en esta vil isla donde se suponía que un joven llamado Cayo iba a ser educado. En lugar de eso, soportó más o menos el hecho de que su padre adoptivo, Tiberio, le considerara secundario al resto de sus lujuriosas actividades. Cayo tuvo permitido entregarse a sus malos hábitos todo lo que deseara. Incluso aunque Tiberio estaba bien entrado en sus setenta años, todavía no conseguía hacer mucho más que el intento de designar a su sucesor. Cayo deseaba el poder de cualquier manera. Así que, cuando Tiberio cayó enfermo en el año

37 d. C., pareció como si se debilitara rápidamente. Cayo se proclamó a sí mismo emperador de Roma y fue bien recibido gracias a su padre, Germánico, que había sido un héroe militar. Para consternación de Cayo, sin embargo, Tiberio mejoró y empezó a recuperarse; esto fue pronto remediado cuando uno de los simpatizantes de Cayo le asfixió rápidamente con una almohada.

Así comenzó el reinado de Cayo Julio César Germánico, que pasó a la historia con su apodo, Calígula. Y aunque sus primeros meses como emperador parecían prometedoras, como si estuviera decidido a solucionar todo el mal que había hecho Tiberio, finalmente terminaría deshaciendo el limitado bien que su predecesor había hecho.

Calígula cayó enfermo en octubre del año 37, justo siete meses después de comenzar su reinado y salió de esa enfermedad como un loco delirante. Se hizo conocido por su extremadamente extravagante gasto de las arcas que Tiberio había llenado diligentemente, despilfarrando en ambiciosos proyectos de construcción. Atormentó a sus aliados, esencialmente ignoró a los enemigos del imperio y se acostó con cualquier mujer que le gustara, repitiendo: "Recordad que tengo el derecho de hacerle cualquier cosa a cualquiera".

Quizá la más famosa de las proezas de Calígula fue el puente flotante temporal que construyó cruzando la bahía de Baiae. Posiblemente desafiando una profecía que decía que tenía tantas opciones de convertirse en emperador como de montar a caballo sobre las aguas de la bahía, Calígula vistió la coraza de oro de Alejandro Magno y galopó triunfante por el puente a lomos de su amado caballo gris, Incitato (por cierto, también hizo planes para nombrar cónsul a Incitato, considerándolo más digno de confianza que a la mayoría de la gente). Como un público embriagado que bebió y cayó a su embriagada muerte en la bahía, Calígula probó de una vez por todas que entraría en la historia como el emperador loco de Roma.

El despilfarro de Calígula demostró ser desastroso para el imperio. Prácticamente falló en todo al gobernarlo, y su costumbre de gastar en lujos ridículos habían vaciado sus recursos al límite. Finalmente, su propia guardia pretoriana le apuñaló hasta matarlo, convirtiéndolo en el segundo emperador consecutivo en morir a manos de sus propios apoyos.

Algunos de los ciudadanos de Roma y el Senado esperaban que la muerte de Calígula condujera al final de Roma como imperio y restauraran los viejos y sensatos días de la república. Pero no sería así. Incluso aunque Calígula había fallado en la designación de un sucesor, había un cuarto emperador esperando entre bastidores, listo para hacer su entrada. Sin importar lo poco probable que un candidato pudiera parecer.

Capítulo 2 – Exilio

Es difícil imaginar un candidato menos probable para el trono imperial que Tiberio Claudio César Augusto Germánico. Aunque era sobrino de Tiberio, el joven Claudio quedó trágicamente tullido a consecuencia de una enfermedad a una edad temprana. Cojeaba al caminar, babeaba ocasionalmente y se quedó parcialmente sordo, causando que su propia madre lo llamara monstruo y lo considerara la cumbre de la estupidez.

Durante décadas, Claudio estuvo escondido de la mirada pública y fue implacablemente abusado por prácticamente todos a los que se confió su protección. Su madre, Antonia la Menor (la hija de Marco Antonio), solo sentía disgusto por él; le abandonó para ser criado por su abuela paterna, Livia. Una anciana notoriamente taimada que había manipulado a su hijo Tiberio durante su reinado (posiblemente, incluso, condiciéndole a Capri en primer lugar), Livia fue un poco mejor que Antonia. Ordenó a un arriero que le "disciplinara", diciendo que no era estúpido, solo perezoso.

Claudio, como se demostró, no era ninguna de las dos cosas. A pesar de sus discapacidades, luchó para procurarse a sí mismo la educación que la sociedad le decía que no podría tener. Cuando se convirtió en un hombre joven, solicitó una y otra vez que su tío Tiberio le permitiera comenzar una carrera en la política. Pero Tiberio había oído a Livia decir que Claudio nunca llegaría a ser nada. Así que, hasta el día de su muerte, rechazó permitir a Claudio llegar a ser algo más que un sacerdote del nivel más bajo.

Fue cuando Calígula ascendió al trono cuando Claudio tuvo finalmente su gran golpe de suerte. Calígula había asesinado a su compañero heredero al trono, Tiberio Gemelo, y se encontró al mando, pero solo y sin experiencia. Tenía apenas 25 años y necesitaba que le guiara alguien con experiencia pero que no pudiera volverse contra él. Calígula imaginó que nadie sería mejor para este cargo que Claudio, escondido en las sombras y desesperado por tener su momento en primer plano. Ofreció a Claudio el cargo de cónsul (junto a Incitato, el caballo). Claudio debió probarse en este papel porque después de que la guardia pretoriana apuñalara a Calígula hasta la muerte, inmediatamente le aclamaron como emperador.

Claudio, sin embargo, no fue la figura con mayor influencia en la vida de Nerón. Los primeros años de Nerón estarían dominados por una figura central: su madre, Agripina la Menor.

* * * *

Agripina nació para formar parte de una larga serie de influyentes matriarcas. Su madre, Agripina la Mayor, se casó con Germánico, el héroe de guerra romano, y cuando Germánico murió ella tuvo el valor de acusar al entonces emperador Tiberio de asesinarlo. No era verdad, pero Tiberio no consiguió eliminar a Agripina la Mayor. Siguió siendo una molestia hasta que él murió.

Agripina tuvo muchos hijos, incluyendo a Cayo, que después sería Calígula, y una hija, Julia Agripina, más conocida como Agripina la Menor. Crecida a la sombra de Calígula, Agripina sabía que estaba destinada a no ser más que una don nadie. Era un peón en el gran juego de la política romana, para ser casada con cualquiera que complaciera a su familia. Ese resultó ser un hombre llamado Cneo Domicio Enobarbo.

El 15 de diciembre de 37 d. C., cuando Calígula acababa de comenzar a volverse loco, Agripina dio a luz al primer hijo nacido de Domicio. Era un niñito fuerte y sano, y ella le llamó Lucio Domicio Enobarbo. Para diferenciarle de su padre, probablemente sería conocido como Lucio. Poco sabía él, o su familia, que finalmente acabaría cambiando su nombre a Nerón.

Agripina estaba embarazada del pequeño Lucio cuando su hermano Calígula se convirtió en el emperador de Roma. Corría el rumor de que había tenido una relación incestuosa con Calígula, lo que no estaba fuera del ámbito de la posibilidad, considerando la costumbre de Calígula de acostarse con quien deseara, lo que posiblemente incluía también a su hermana. De cualquier manera, la historia asegura que, se hubiera acostado o no con su hermano, Agripina conspiró contra él con su hermana Julia Livila. Cuando descubrió esta conspiración, Calígula se encolerizó. Desterró a Agripina a las Islas Pontinas, apoderándose de todo lo que era propiedad suya y de su marido y vendiéndolo. Cuatro años después el padre de Lucio, Cneo Domicio Enobarbo, moría de edema en Pirgi.

Eso dejó al pequeño Lucio como un don nadie y sin recursos a la tierna edad de apenas dos años. Puesto que todavía era tan pequeño, no fue considerado una amenaza para el imperio y se le permitió permanecer en la patria. Fue enviado a vivir con su tía paterna, Domicia Lépida la Menor.

Domicia fue una mujer rica y, en cierto modo, excéntrica que estaba en los treinta cuando el pequeño Lucio fue a vivir con ella. Venía de una familia muy importante, siendo pariente del emperador Augusto, su archienemigo Marco Antonio y tanto de Calígula como de Claudio. Lucio, sin embargo, no era prácticamente nadie, incluso aunque era el sobrino de Calígula, había sido despojado de su herencia y podía también haber sido una especie de noble menor.

Por lo tanto, Domicia no logró darle una educación real. En su lugar designó a un bailarín y a un barbero como sus tutores, quizá pensando que Lucio se convertiría en un mecenas de las artes.

Así, durante los siguientes años, Lucio crecería en la propiedad de su tía bajo la cuestionable tutela de sus artísticos compañeros. Pudo ser que adquiriera del barbero su debilidad por las cosas bellas; del bailarín pudo aprender el amor por la música, el arte y los disfraces extravagantes. Los primeros cuatro años de la vida de Lucio los pasó más o menos jugando a disfrazarse.

Todo cambió en el año 41 d. C., cuando el improbable Claudio se convirtió en emperador de Roma. En ese momento, Claudio estaba casado con Valeria Mesalina, una hija de Domicia Lépida. Mesalina era un completo desastre como esposa, especialmente a los ojos de Claudio. El emperador siempre había sido desafortunado en el amor, sus esposas cubrían todo el espectro, desde morir el día de la boda hasta abusar físicamente del tullido emperador. Mesalina era su tercera esposa, y era infiel de una manera incontrolada y constante, hasta el punto en el que se casó con uno de sus amantes en una elaborada ceremonia mientras estaba legalmente casada con Claudio. Fue el último límite que no debía haber sobrepasado. Ambos, ella y su amante, Silio, fueron ejecutados y Claudio juró que ese matrimonio condenado sería el último.

Pero la tormentosa atmósfera política en Roma forzaría al emperador a volver a casarse, como si fuera una princesa cuya mano se estuviera concediendo en matrimonio. Incluso desde que Tiberio había sido acusado de haber asesinado al padre de Agripina, Germánico, la familia de Agripina había estado en desacuerdo con el trono imperial. Claudio sabía que su sobrina estaba llena de ambición e incluso, aunque había sido llamada desde su exilio en ese momento, él todavía no confiaba en ella. En un intento por mantener a sus amigos cerca, Claudio se casó con ella en el año 49 d. C., ocho años después de convertirse en emperador.

Y, de repente, la vida del joven Lucio cambió para siempre.

Capítulo 3 – Agripina mueve los hilos

Ilustración I: Agripina representada con Nerón en un áureo romano.

Lucio tenía doce años cuando recibió la noticia de que su madre iba a ser emperatriz de Roma.

Él no la recordaba. Agripina la Menor había estado en el exilio desde que él tenía dos años; quizá, en sus recuerdos más antiguos podría evocar su voz, quizá un destello de su rostro. Nada más. Era tan distante para él como una de las diosas de piedra que se alzaban en los rincones de la villa de Domicia, donde él había crecido con sus divertidos tutores; él sabía que Agripina estaba a su alrededor, pero no parecía tener ningún poder real en su vida. Ella era solo un nombre que él decía. Domicia era la mujer que le crio, para bien o para mal, y Lucio no sabía qué pensar de que Agripina fuera a volver a casa.

Había estado en el exilio durante casi once años, cuando Claudio llamó a todos los exiliados e hizo su maniobra para casarse con Agripina, aunque primero tuvo que conseguir el permiso del Senado para hacerlo, puesto que era su tío. Para Lucio, el tío abuelo del que había oído hablar, el baboso que se había convertido en emperador de Roma, estaba a punto de convertirse en su padrastro. Y todo su mundo daría un giro repentina y abruptamente.

Cuando Claudio y Agripina se casaron, Lucio fue prácticamente sacado de la villa de Domicia y enviado a vivir con su madre y su padrastro, que eran extraños para él, en el palacio imperial. Considerando que Domicia era la madre de Valeria Mesalina, las relaciones entre ella y Claudio eran comprensiblemente tensas. Lucio nunca volvió a verla. Agripina, temiendo que Domicia pudiera tener más influencia sobre Lucio que ella, incriminó a Domicia en varios crímenes y la hizo ejecutar en 49. Arrancado de la única influencia maternal que había conocido, Lucio fue catapultado a un mundo frío y reglamentado. El bailarín y el barbero que le habían entretenido en su juventud, enseñándole sobre arte y belleza, se fueron. En su lugar, Claudio le asignó un tutor adecuado para el hijastro de un emperador, Lucio Anneo Séneca, más conocido como Séneca el Joven o simplemente Séneca.

Séneca, posiblemente un antiguo amante de Agripina, había sido tutor en las familias más elevadas de Roma durante la mayor parte de su carrera. Era un estoico, un trágico y un filósofo de principios cuya racional y firme mirada sobre la vida estaba tan lejos de los tutores anteriores de Lucio como fuera posible. Uno solo puede imaginarse que el cambio trastocó al joven Lucio y que su vida tenía que ser enormemente distinta una vez que se realizó la mudanza al palacio imperial.

Para Agripina, sin embargo, casarse con Claudio fue un magnífico golpe de buena suerte y una oportunidad para hacerse con el poder del que había estado sedienta toda su vida. Ahora era la mujer más poderosa en el mundo conocido y, aún más, estaba casada con un emperador discapacitado que tenía la reputación de dejarse influir por sus esposas. Agripina inmediatamente se acomodó a hacer cualquier cosa que quisiera, lo que incluía manipular a Claudio a su voluntad. Tristemente para Claudio y el resto de su familia, parece que Agripina tuvo éxito.

El primer asunto del orden del día de Agripina fue instaurar a su propio hijo, Lucio, como el futuro emperador de Roma. En ese momento, eso no tenía sentido en absoluto. Claudio tenía un hijo biológico propio, Británico, un hijo de Mesalina nacido solo cuatro años después de Lucio. Británico era el candidato obvio a heredero del trono, pero Agripina comenzó a orquestar los asuntos de estado con el fin de convertirse en alguien incluso más importante que una emperatriz. También quería ser la madre de un emperador.

Según la mayor parte de las opiniones, parecía que Lucio no estaba interesado en absoluto en convertirse en emperador. Había desarrollado pasión por las artes y la literatura, y estaba particularmente interesado en el teatro y la interpretación. Le encantaba vestirse con complicados disfraces y ensayar monólogos de clásicos del teatro, que eran parte esencial de la cultura de Roma. Nada le intrigaba más que el teatro o la canción. Británico podía ser emperador, por lo que a él concernía, Lucio solo quería que le dejaran solo para poder ser él mismo.

Sin embargo, Agripina tenía otra idea. Empezó a inmiscuirse discretamente en las vidas de ambos jóvenes, sustituyendo a los tutores de Británico por hombres menos capaces y presionando a Lucio en sus estudios para que llegara a ser, no solo el mayor de los chicos, sino también el más capaz. Y en 51 d. C., solo dos años después de casarse con Claudio, le convenció de que adoptara legalmente a Lucio como su propio hijo. Lucio, de quince años, se convertía en heredero conjunto al trono. De forma no oficial, era evidente que él era en ese momento el principal candidato a ser el siguiente emperador, con Británico cuidadosamente apartado a un lado. Lucio también recibió un nuevo nombre: Nerón Claudio César Augusto Germánico, más conocido simplemente como Nerón.

Con una vida desarraigada, un futuro decidido por su madre, e incluso, su nombre cambiado, Nerón fue catapultado en ese momento a la vida pública como el futuro emperador. Empezó a hacer apariciones en el Foro Romano, casi siempre defendiendo casos en nombre del pueblo, lo que le hizo instantáneamente popular con los plebeyos (el nombre de los romanos comunes). Esto pudo haber sido un movimiento estratégico por parte de Claudio, que quería que la gente fuera amable con su sucesor elegido.

En ese momento, Claudio sabía que necesitaba darse prisa en preparar a Nerón para el trono. Había estado enfermo durante toda su vida y estaba empezando a envejecer, su salud se debilitaba de forma lenta y constante. Nerón tenía solo dieciséis años cuando Claudio lo casó con su hija biológica, Claudia Octavia. Nerón había crecido con Octavia como hermanastros y ahora, se había convertido de repente en su esposa. Evidentemente, era un intento por parte de Claudio de fortalecer la posición de Nerón como su sucesor. Nerón había leído tantos poemas épicos, había escuchado tantas canciones emotivas sobre el tema del amor, pero el amor verdadero estaría prohibido para él. Su matrimonio sería concertado, forzado por la política. Incluso los ideales que amaba en las artes serían apartados de él.

Parecería, sin embargo, que el año siguiente, 54 d. C., vio a Claudio recuperar finalmente un poco de la chispa que le había llevado a él, un tullido, a convertirse en el hombre más poderoso del mundo. Oprimido como había estado los últimos cinco años por Agripina, Claudio empezó a mostrar que había tenido suficiente. Empezó a mostrar más y más afecto por su propio hijo, Británico, que ahora tenía trece años. Agripina sabía que Británico estaba peligrosamente cerca de ser lo bastante mayor para que el pueblo se solidarizara con él, y había reemplazado a miembros de la guardia pretoriana con hombres que sabía que les serían leales a ella y a Nerón. Por tanto, la mejor manera de librarse del problema era librarse de Claudio. Fuentes modernas discrepan sobre si Nerón murió por causas naturales o no, pero casi todos los clásicos están de acuerdo en que Agripina le asesinó (los historiadores modernos razonan que Claudio había estado enfermo la mayor parte de su vida y que probablemente muriera a causa de una enfermedad y no asesinado). Mientras Nerón dormía en el palacio imperial, su propia madre le suministró a su padrastro enfermo unas dosis de setas envenenadas y Claudio murió el 13 de octubre.

Acto seguido, un Nerón de diecisiete años, un adolescente no interesado que preferiría ir al teatro o escuchar música antes que ninguna otra cosa, se convirtió de repente en el hombre más poderoso del mundo. Agripina se había rodeado, ella y su hijo, de gente que sería leales a ellos y, por tanto, tanto la guardia pretoriana como el Senado le aceptaron como emperador sin ningún alboroto más.

Pero todos sabían que, aunque Nerón estuviera a la cabeza del Imperio romano, era Agripina quien realmente sujetaba las riendas.

Capítulo 4 – Matricidio

Al principio, Nerón estaba más que feliz de que Agripina, Séneca, y el prefecto del pretorio, Sexto Afranio Burro, dirigieran su comportamiento. Después de todo, él era un adolescente. Nerón disfrutaba de toda la pompa y la ceremonia que implicaba ser emperador y le gustaba dar discursos grandiosos y largos al pueblo y llevar ropas elaboradas y ser importante. Pero el gobierno real, el papeleo y las decisiones aburridas sobre guerras y política, no despertaban el interés del joven Nerón.

En su lugar, Nerón continuaba dedicado a las artes, perdiéndose en un mundo de sueños que iba volviéndose cada vez más auto indulgente. Agripina gobernaba regodeándose a través de él, tanto que su cara apareció en las monedas de la época, un honor habitualmente reservado solo al emperador.

Sin embargo, la propia Roma prosperó en gran medida durante los primeros cinco años del reinado de Nerón. Probablemente mucho de esto se debió al hecho de que el mismo Nerón no hizo mucho reinando, Agripina estaba ocupada en gran medida en mantener su propio poder, y, por tanto, el gobierno del imperio propiamente dicho recayó en Séneca y Burro. Estos dos eran hombres capaces con mucha experiencia y sabiduría y Roma prosperó mientras su desinteresado emperador descuidaba sus deberes.

Nerón comenzó a zambullirse más y más profundamente en el mundo de la cultura de Roma, y era un mundo muy rico en el que sumergirse. En contraste con los reinos europeos de los alrededores, cuyas culturas todavía estaban ampliamente centradas en leyendas y canciones, los romanos tenían formas de entretenimiento ricamente complejas. Algunas eran completamente bárbaras, como las competiciones de gladiadores, en las que luchadores esclavizados luchaban hasta la muerte para el disfrute de la multitud, o las carreras de cuadrigas, donde los caballos y los hombres eran machacados y pisoteados en la refriega. Pero mientras estas habían sido desmesuradamente populares con Claudio y Agripina, no fascinaban a Nerón de la misma forma. Él dirigió su atención a formas de entretenimiento más suaves y elaboradas: literatura, arte, música y teatro. La literatura de Roma estaba construida sobre los amplios cimientos de los antiguos escritos griegos, y se habían ampliado para incluir varias formas que iban desde lo triste a lo divertido y lo épico. Las representaciones con hermosos vestidos siempre habían llamado la atención de Nerón, y él mismo era un actor con talento. También tenía un profundo interés en la música, tocando instrumentos tanto de cuerdas como de viento, que algún día evolucionarían hasta convertirse en la guitarra y la tuba modernas. Estaba claro para aquellos que lo veían y escuchaban, que Nerón había desaprovechado su vocación. Podría haber sido uno de los grandes artistas de Roma si no hubiera sido su emperador.

Sin embargo, Nerón no continuaría para siempre con su desinterés por el imperio que se suponía que tenía que gobernar. Cuando cumplió diecisiete, empezó a tener sus propias ideas. En vez de permanecer sumisamente en el palacio con Claudia Octavia, dedicado a las artes, Nerón comenzó a intentar extender sus alas, como cualquier otro chico de su edad hubiera hecho. Para Agripina, esto fue más que solo la lucha corriente de cualquier padre de un adolescente. Si Nerón empezaba a tener sus propias ideas y trataba de gobernar el imperio por sí mismo, Agripina hubiera perdido parte del poder que había obtenido asesinando a su propio marido. Y cuanto más expresaba Nerón su interés por las artes, más intentaba obligarle Agripina a quedarse en el palacio como un buen chico y no darle problemas. Por supuesto, este enfoque fue inútil. Cuanto más cerraba ella sus zarpas en torno a él, más se esforzaba Nerón contra ella. Y la clave de su futura libertad llegó bajo la forma de una humilde liberta llamada Claudia Actea.

Desde el momento en el que puso los ojos en ella, Nerón supo que Actea era diferente. Era una don nadie, desde un principio, no una emperatriz conspiradora, o una pálida princesita, o una persona de importancia, en absoluto; a diferencia de aquellos que habían estado tratando constantemente de herirle u obtener algo de él durante la mayor parte de su vida. De hecho, Actea ni siquiera le miraba al principio; ella simplemente le servía, había sido comprada en Asia por Claudio y enviada a Roma como esclava. Probablemente era una esclava de Octavia o de Claudio y no está claro quién exactamente la convirtió en liberta. En cualquier caso, su exótica belleza y su naturaleza tranquila cautivaron a Nerón mientras ella trabajaba en el palacio. Aún más, Actea era posiblemente actriz ella misma. Pudo haber ayudado a entretener al joven Nerón e incluso trabajado con él en sus obras.

Fuera el caso como fuera, Nerón se enamoró rápida y completamente de esta deslumbrante joven que no esperaba nada de él. A él le gustaba poco su propia esposa, Octavia, y la evitaba ante cualquier oportunidad de pasar tiempo con Actea. Su amable naturaleza era mucho más seductora para él de lo que cualquier cantidad de joyas o poder pudiera haber sido. Su relación con ella era todo lo que su matrimonio nunca había sido. Casarse con Octavia había sido un asunto forzado, frío, político y racional. Pero estar con Actea era como volver a probar la libertad que había tenido en casa de Domicia; podía ser libre con ella, ser él mismo con ella y se amaron el uno al otro con feroz y abrasadora pasión.

Séneca y Burro estuvieron entre los primeros en enterarse del amorío de Nerón con Actea y, para sorpresa de Nerón, ambos hombres le animaron a que continuara viéndola. Sabían que Nerón no amaba a Octavia y estaban aterrorizados de pensar que otra aventura escandalosa pudiera mover los cimientos de la política de Roma como había ocurrido con Mesalina y Claudio. Lo último que necesitaba Roma era otro escándalo más. Era inevitable que un chico de diecisiete años que no amaba a su mujer fuera sediento detrás de otras mujeres y si Actea, una humilde liberta que no causaría problemas, podía satisfacerle, entonces el mejor curso de acción era permitirle a Nerón que se entregara a ella.

Cuando Agripina supo de Actea, sin embargo, se puso completamente furiosa. Antes de que Actea entrara en escena, Agripina había sido la influencia más importante en la vida de Nerón. Ahora, de repente, el chico estaba escuchando lo que Actea tenía que decir en lugar de someterse a su madre. Parecía como si Actea creyera que Nerón pudiera ser emperador por derecho propio en lugar de dejarle su imperio a otros; podía haberle animado, incluso, a hacer sus propios movimientos en política. De cualquier manera, Nerón comenzó a flexionar tentativamente sus músculos políticos, y Agripina estaba horrorizada. No podía permitir que esto ocurriera. Nerón solo le era útil cuando no era más que una figura. Y él le había demostrado que la influencia de Actea podía hacerle más independiente de Agripina retirando a su aliado, Marco Antonio Palas, de su posición como secretario de tesoro.

Lo lejos que llegaba Agripina para conservar el poder en su mano era realmente asombroso, cuando menos. Ya había asesinado a su marido. Nerón debió ser capaz de proteger de alguna manera a Actea porque Agripina no pudo llegar a ella. Puesto que no podía eliminar a Actea, en su lugar decidió que el mejor plan de acción sería seducir a su propio hijo. A los 41 años, Agripina todavía era realmente hermosa, y casi tuvo éxito en conseguir que Nerón tuviera una relación incestuosa con ella. Afortunadamente, Actea descubrió lo que estaba pasando y lo frenó de forma rápida y enérgica, recordándole a Nerón que eso sería un suicidio político después de lo que pasó con Calígula y sus hermanas.

Asqueado por lo que su madre había intentado hacer y animado por Séneca, Burro y Actea, Nerón sacó a Agripina fuera del palacio real en el año 55. No podía soportar verla nunca más.

Con cualquier otro curso de acción probado como infructuoso, Agripina decidió que simplemente tendría que abandonar a Nerón y traicionarle. Se volvió hacia Británico, que entonces tenía trece años, y empezó a mostrar apoyo y afecto por el joven. Empezaron a flotar rumores alrededor del palacio de que Agripina creía que Británico, y no Nerón, era el auténtico heredero del trono. El niño era apenas lo bastante mayor para entender qué estaba ocurriendo a su alrededor, pero de pronto era una tremenda amenaza para el poder de Nerón. Con sus artimañas y la total falta de experiencia de Nerón, Agripina podía haber derrocado a Nerón si se hubiera ganado los corazones del Senado y les hubiera convencido de que era un heredero más legítimo que Nerón.

Pero tan inexperto como era Nerón, había estado viviendo con su madre durante cinco años. Se le había contagiado su actitud de agarrar el poder a toda costa y su voluntad de hacer de hacer lo que hubiera que hacer para ello. Había aprendido una cosa o dos sobre traición y asesinato de Agripina, y lo demostró el 11 de febrero del año 55 d. C., en una cena.

Agripina se había sorprendido cuando Nerón les invitó a ella y a Octavia a la fiesta, junto con Británico. Quizá, pensó, había asustado a su hijo al traicionarle. Quizá le diera la bienvenida de nuevo y ella podría volver a ser la mujer más poderosa de Roma. Se estaba regodeando en la mesa de la cena cuando le llevaron una bebida caliente a Británico. Después de que fuera cuidadosamente probada por un catador, Británico bebió un sorbo. Poniendo caras, el niño lo dejó, protestando que estaba tan caliente que le había escaldado los labios. El catador sirvió agua fría en su copa y Británico bebió un trago, agradecido. Ese fue el momento en el que las esperanzas de Agripina se hicieron añicos. La cara del niño se puso repentina y espantosamente pálida. Se sujetó la garganta, sus ojos abriéndose de par en par, pero no conseguía respirar. Durante un espantoso instante, su último, asfixiado y estrangulado intento de respirar llenó la habitación. Después se derrumbó, muerto. Y cuando Agripina miró a Nerón a través de la mesa, no tuvo dudas de quién fue el responsable de la muerte de Británico. La manzana no había caído tan lejos del árbol después de todo.

El asesinato de Británico por parte de Nerón y su rechazo a su madres fueron más o menos apoyados por el pueblo y el Sanado de Roma, que estaban totalmente asqueados de las argucias de Agripina. Había sido forzada a retirarse cuando Nerón la había echado del palacio, un hecho que la había irritado inexorablemente. Incluso aunque hubiera sido despojada de su papel oficial en la administración de Roma, ella continuó haciendo intentos para derrocar a Nerón, reuniéndose con grupos de senadores e irritándolos contra él.

Durante los siguientes años, sin embargo, Roma continuó prosperando mientras Nerón crecía de adolescente a joven. Empezó a hacer sus propios movimientos en la administración, y de forma bastante sorprendente, muchos de ellos parece que se hicieron con buenas intenciones. Entre otras cosas, Nerón incluso intentó abolir completamente los impuestos. Naturalmente, Séneca y Burro consiguieron parar la abolición antes de que ocurriera realmente, un acto que hubiera paralizado económicamente todo el imperio, pero es evidente que Nerón, por fin, estaba demostrando interés en algo más que solo las artes. Quería gobernar. Estaba listo para ser el emperador.

Agripina, sin embargo, no estaba lista para dejar su control sobre el imperio. Continuó siendo un dolor de cabeza para Nerón hasta que, finalmente, decidió que había que hacer algo, algo drástico. Ella tenía que morir.

La decisión de Nerón de matar a su propia madre quizá no fue tan estremecedora como parecía. Agripina realmente no había sido nunca una madre para él; Nerón había vivido con Domicia desde que podía recordar y había conocido realmente a Agripina solo cuando era un niño de doce años. Desde entonces, no había hecho más que traerle dolor; incluso hacerle emperador fue contra sus deseos. Agripina había asesinado a su padrastro y a la mujer que lo había criado. Le había traicionado, seducido y había hecho todo lo que había podido para controlarle. Y para Nerón había sido suficiente.

Asesinar a Agripina, como se demostró, no fue tan fácil como parecía. Uno podría pensar que el emperador de Roma podría simplemente decirlo y Agripina estaría muerta, pero la madre de Nerón estaba lejos de estar de acuerdo con ser despachada tan fácilmente. Por tanto, él puso a su vívida imaginación a soñar con elaborados planes para su muerte. Quizá uno de los más estrambóticos era hacer que el techo de su dormitorio, después de haber sido especialmente debilitado y cargado con peso, fuera a derrumbarse sobre ella. Lamentable para Nerón, esto no funcionó, así que, en su lugar, dispuso un barco completo diseñado para desequilibrarse, volcar, echarla fuera y ahogar a la anterior emperatriz antes de que pudiera causar al imperio, y al delicado ego de Nerón más daño incluso.

Sorprendentemente, el barco funcionó exactamente como se suponía que lo haría. Nerón atrajo a su madre hacia el mar con la promesa de encontrarse con ella en su propio barco; Agripina acudió, navegando en un barco que Nerón le había proporcionado convenientemente. Desafortunadamente para Agripina, el barco había sido diseñado para matarla. Volcó en el espumoso mar, arrojándola a las templadas aguas del Mediterráneo. Agripina no iba a ser asesinada tan fácilmente, sin embargo, y así, nadó hasta la orilla y emergió completamente ilesa.

Furioso, Nerón se rindió. La sutileza no iba a matar a Agripina, así que hizo lo que cualquier emperador que se respetara hubiera hecho desde el principio: enviar un soldado a matarla. Las tretas de Agripina no fueron rivales para el frío acero y la ardiente ira. La mujer que había sido madre, hermana y esposa de tres emperadores romanos sucesivamente, y realmente un incordio para cada uno de ellos, fue sacrificada en la playa por los soldados de Nerón. Su cuerpo fue quemado y sin celebrar ninguna ceremonia que ella siempre había ansiado, y fue enterrado en una tumba anónima.

Nerón nunca volvió a hablar de ella. Pero su crueldad había dejado una impronta en su mente, una que nunca sería completamente eliminada.

Capítulo 5 – Fuera de control

En torno al año 59 d. C., cuando Nerón mató a su madre, la amable influencia de Claudia Actea se había disipado de su vida. No está claro qué ocurrió exactamente con Actea; era una persona de importancia debido a su amor por el emperador, y no es mencionada después de los primeros años 60 d. C. Y está claro que la mujer con más influencia sobre Nerón no era la dulce Actea. En su lugar, era Popea Sabina, una joven mujer de fuerte voluntad de la nobleza, que pudo haber sido incluso la que convenciera a Nerón de matar a Agripina.

Popea venía de una prestigiosa familia, su abuelo había sido cónsul, cercano a Calígula y Claudio, pero eso no la eximía de la tristeza. Su madre se había suicidado cuando ella era solo una niña; quizá eso sería parte del motivo del comportamiento hambriento de poder de Popea. Definitivamente, estaba resentida con Agripina: la anterior emperatriz había despedido y exiliado al primer marido de Popea, un miembro de la guardia pretoriana que era leal a Británico. Algunos afirman que todo lo que Popea hizo a continuación fue un intento de vengarse de Agripina. Se casó con Otón, un amigo de Nerón, posiblemente con el propósito de acercarse al joven emperador.

A Nerón, ahora a comienzos de sus veinte, realmente no le importaba el hecho de que la hermosa Popea quisiera estar cerca de él. Agripina estaba todavía viva cuando Nerón y Pompea empezaron su aventura; así que fue el primer marido de Popea, Rufrio Crispino, con quien se casó en el año 44. Rufrio fue destituido por Agripina por sus lazos con Mesalina, incitando a Popea a casarse con Otón en su lugar. Había poco que Otón pudiera hacer para impedir que Nerón tuviera cualquier mujer que quisiera, incluso si esa mujer era su esposa, y por tanto, a Nerón y Pompea se les permitió continuar viéndose tanto como quisieran. Popea vio su oportunidad de vengar a su primer marido, y empezó a insistir a Nerón con el hecho de que él era el emperador. Él podía hacer lo que quisiera. Podía matar a quien quisiera. Y si algo se interponía en su camino, podía matar a placer sin consecuencias.

Algunos historiadores consideran que la influencia de Popea tuvo la culpa de que Nerón asesinara a su madre; sin embargo, esto no está probado definitivamente. En cualquier caso, en el año 62 d. C., Nerón se divorció de Claudia Octavia y se casó en su lugar con Popea, después de forzar a Otón a divorciarse de ella en el 58 o 59 d. C. Otón, por su parte, fue desterrado por Nerón. Popea había pasado a ser su todo y era, según todos los testigos, una mala influencia para él. Ya fuera porque Popea era una mala influencia o porque, por toda su ambición y corazón helado, Agripina había sido una especie de influencia moderadora en el joven, Nerón pasó a estar repentina y completamente fuera de control después de la muerte de su madre.

Las incursiones políticas de Nerón nunca más fueron bienintencionadas y eran verdaderamente incompetentes; y Séneca y Burro iban encontrando a Nerón cada vez más y más difícil de controlar. Nerón seguía sin estar interesado en ser un gobernante razonable y racional, pero estaba definitivamente interesado en hacer todo lo que quería y abusó de su poder para gratificarse con las artes que amaba. Se ha dicho que acostumbraba a atrapar grandes grupos de nobles en teatros y cantar para ellos durante horas sin parar hasta que algunos fingían estar muertos solo para salir de la habitación. Y aunque no es probable que los cantos de Nerón fueran tan espantosos, los senadores de Roma definitivamente no estaban ansiosos por estar encerrados en una habitación con el emperador. Matar a Agripina y Británico había sido tan sencillo, tan completamente carente de consecuencias, que Nerón decidió que podía matar a cualquiera que quisiera. Por consiguiente, ejecutó a cualquiera que se atrevía a levantarse contra él, incluida su exesposa exiliada Octavia. Y su oleada de asesinatos abrió una brecha terrible entre él y el Senado.

Mientras tanto, Nerón había encontrado una nueva pasión aparte de ser un asesino: los deportes o, como eran conocidos en la Antigua Roma, los juegos. Era un entusiasta seguidor de los Juegos Olímpicos y participó él mismo, en detrimento de todos los otros atletas, puesto que era inevitable que el emperador ganara cualquier evento en el que entrara, sin importar si lo completaba o no. Era excelente haciendo trampas, especialmente en las carreras de cuadrigas, donde simplemente añadía unos caballos extra a su cuadriga y ganaba, incluso cayéndose de dicha cuadriga durante la carrera.

Cuando Sexto Afranio Burro murió en el año 62 d. C., el mismo año en el que Nerón se casó con Popea, aún se volvió más difícil de controlar. Cualquier que hablara de razón o moderación era considerado un rival y, probablemente, ejecutado. Se rodeó de aduladores, que continuaron permitiendo su espantoso comportamiento. Séneca era el único que quedaba con un poco de influencia sobre el ingobernable emperador e incluso él se dio cuenta de que había poco que pudiera hacer. Rodeado de enemigos, el anciano filósofo se dio cuenta de que no quedaba nada para él en este clima político. No tenía otra opción que retirarse.

Completamente sin restricciones en ese momento, Nerón era libre para hacer cualquier cosa que quisiera y lo que él quería era satisfacerse de cualquier manera concebible. Banquetes. Mujeres. Juegos. Incluso tenía reputación de ser un pedófilo. Popea permaneció leal a él a pesar de todo, incluso aunque él le fuera negligentemente infiel a ella. Y las preferencias sexuales de Nerón no se limitaban simplemente a mujeres y niñas, también se sentían atraído por los hombres. Tiberio también había tenido esclavos sexuales masculinos en Capri y aunque Nerón no fue el primer emperador romano que podría haber sido bisexual u homosexual, sí que fue el primero en casarse con alguien de su mismo sexo. En el año 64 d. C., después de varios días sucesivos de banquetes y orgías durante las Saturnales (la fiesta del dios romano de la riqueza y la prosperidad, Saturno), Nerón se casó con un liberto llamado Pitágoras. Nerón se vistió como la novia, mientras Pitágoras desempeñó el papel de novio. Su noche de bodas fue públicamente exhibida para todos aquellos que acudían a los banquetes.

En este punto, Nerón había perdido completamente la fe de todo el Senado. Mientras tanto, a un gran coste, la paz se estableció finalmente en Partia durante el mandato de Nerón, la mayor parte de su reino estaba salpicado con revueltas mientras las provincias de Roma se iban dando cuenta de que estaban siendo gobernadas una vez más por alguien que había perdido el contacto con la realidad. La valiente reina de los icenos, Boudica, fue una de las más famosas líderes de esas revueltas contra Nerón. Nerón había perdido el contacto con todas sus obligaciones y responsabilidades como emperador; él prácticamente abandonó el gobierno del imperio, excepto para desvalijar sus arcas cuando veía que necesitaba para volcar más y más recursos en sus propios deseos egoístas. El principal entre estos deseos era la *Domus Aurea*, o palacio dorado. Nerón básicamente quería construir un templo bañado en oro dedicado a sí mismo, una villa gigantesca, cubierta de oro en la que pudiera entregarse a cualquier placer que deseara mientras se rodeaba de una opulencia absoluta.

Es difícil intentar entender si quedaba, aunque fuera, un resto de humanidad en el depravado emperador o si su espíritu había sido devorado por la pura autoindulgencia. Nerón se había centrado en una única cosa: lo que él quería, Y como el emperador romano, nadie podía negarle lo que quería. Quizá, sin embargo, su boda con Pitágoras daba una pista de hasta qué punto los deseos y la personalidad de Nerón habían sido suprimidos por los intentos de Claudio y Agripina de forzarle a ser un emperador "varonil". Es posible que no fuera simplemente su amor por las artes lo que le habían obligado a dejar a un lado cuando había sido designado para ser el próximo emperador.

Considerando lo egocéntrico y autoindulgente que el emperador ya había demostrado ser, el deseo de Nerón por la *Domus Aurea* era probablemente poco sorprendente. Todavía ninguno de los ciudadanos de Roma podría haber siquiera predicho hasta dónde estaba dispuesto a ir para obtener lo que quería.

Capítulo 6 – Roma en llamas

Ilustración II: Una impresión del artista sobre el Gran Incendio de Roma por Hubert Robert

Era mediados de julio del año 64 d. C., y toda Roma estaba en llamas.

Los calientes y secos vientos de verano avivaron las llamas, que habían comenzado cerca del Circo Máximo, donde se celebraban las carreras de cuadrigas. Las amarillas llamas fueron azotadas por el viento y saltaron en lenguas ardientes de un edificio al siguiente, reduciendo hogares y negocios a mero hollín y cenizas. Roma era la ciudad más grande del mundo, pero también era el barrio de chabolas más grande del mundo y gran parte de la ciudad estaba formada por las humildes casas de los plebeyos pobres. Estas casas estaban hechas de madera y amontonadas unas junto a otras. En otras palabras, eran yesca para las rugientes llamas. Corrieron por toda la ciudad, escupiendo un gigantesco penacho de humo negro por encima de sus siete colinas, dejando una estela de destrucción.

El fuego se movió tan rápido que no pudo contenerse ni evitarse. Los esfuerzos para evacuar a la gente fueron a menudo infructuosos; los muy viejos, los muy jóvenes, los débiles y los enfermos simplemente no pudieron dejar atrás el incendio. Los engulló, tragándolos enteros y derritiendo a los vivos, en unos minutos de horrible agonía, convirtiéndolos en cuerpos abrasados que eran apenas reconocibles como algo que en algún momento pudo caminar y hablar. Valientes oficiales y personas comunes se esforzaron por contener las llamas, pero era como intentar parar la subida de la marea o la llegada del viento. Era más que un fuego; era una fuerza, una poderosa e imparable cascada de calor y destrucción, y no había nada que pudieran hacer.

Durante seis largos días, que empezaron la noche del 18 de julio del año 64 d. C., Roma ardió. Y ardió, y ardió. Y mientras ardía, Nerón, el emperador de Roma, se puso en pie en una azotea y cantó una clásica tragedia griega sobre la desolación de Troya. Las llamas y el humo llevaron el terror a su gente. Para él, sin embargo, eran el perfecto telón de fondo para su dramática pieza de música y su hermosa voz se elevaba arrogante y desconsiderada por encima de los sonidos de una ciudad agonizante. La expresión "Nerón tocaba el violín mientras Roma ardía" es inexacta en los detalles, considerando que esos instrumentos de cuerda no llegarían a Roma hasta cientos de años después, pero el sentido es probable que fuera cierto.

Desesperadamente, los funcionarios municipales finalmente consiguieron hacer algunos avances en la lucha contra el fuego destruyendo una gran zona de casas en un último intento de hacer un cortafuegos. Su intento no fue totalmente satisfactorio, pero al menos hizo que el fuego fuera más suave durante bastante tiempo. Después de un día más de esfuerzo continuo, el fuego fue finalmente extinguido.

El daño ya estaba hecho, sin embargo. Casi dos tercios de Roma, antaño tan vibrante y animada, habían sido reducidos a un páramo de cenizas humeantes. Hasta un noventa por ciento de sus casas fue destruido. Alimentos, refugio, agua, infraestructuras, todo había sido tragado por las llamas. No se sabe exactamente cuantas víctimas hubo, pero uno solo puede imaginar que en una ciudad con varios millones de personas tendrían que ser muchas. Y, tristemente, la mayor parte de los supervivientes ahora no tenían casa.

Nerón, al menos, parece que intervino en este momento en un último intento de ayudar a su pueblo a soportar una de las mayores tragedias que Roma nunca había sufrido. Redujo el precio de los alimentos e importó grandes cantidades de grano de otras regiones del imperio, además de ofrecer los lugares públicos como campamentos para la ahora enorme población sin hogar. Pero lo que hizo a continuación probó que era imperdonable para el pueblo y, posiblemente, señaló la causa del incendio.

Se había destruido tanto de Roma que su pueblo ahora se enfrentaba a la casi imposible tarea de reconstruirla. Nerón, también, tenía un ambicioso plan en mente para reconstruir la ciudad. Y no implicaba dar casas a los que se habían quedado sin hogar. No, ahora que una gran área de la ciudad estaba destruida hasta los cimientos, Nerón vio una oportunidad perfecta para construir su *Domus Aurea*. Y para horror de su pueblo, fue exactamente lo que hizo. Mientras su pueblo miraba desde sus frágiles campamentos todas sus posesiones mundanas destruidas, Nerón se construía una casa cubierta de hojas de oro solo para su propio placer. Además de eso, añadió una estatua de sí mismo de veinte pipes de altura delante de la *Domus Aurea*.

Nerón había esquivado el castigo por todo hasta el momento, incluso por matar a su propia madre, pero esto fue dar un paso demasiado lejos. Los rumores empezaron a correr por la ciudad, puesto que patricios y plebeyos se sentían repelidos por la *Domus Aurea* de Nerón, erigiéndose como un monolito de oro sobre una ciudad que había sido reducida a cenizas. Alguien dijo que habían visto a Nerón en una azotea cantando mientras Roma se quemaba. Alguien más murmuró que había estado intentando imaginarse cómo hacer sitio para la *Domus Aurea* poco antes del incendio. En los meses que siguieron al gran incendio de Roma, Nerón se dio cuenta de que estaba siendo acusado de haber iniciado el fuego. Para empeorar las cosas, un grupo de borrachos había sido visto tirando antorchas encendidas a las llamas durante el incendio. Cuando se enfrentaron a ellos, dijeron que habían actuado siguiendo órdenes que posiblemente venían del emperador en persona.

La historia todavía no responde sobre si Nerón incendió su propia ciudad, pero es cierto que el pueblo pensaba que lo hizo, y Nerón tenía que actuar rápido para desplazar la amenaza de él hacia otros. Y la secta creciente de los cristianos demostraron ser el perfecto chivo expiatorio.

El Imperio romano, bajo el gobierno de Tiberio, había crucificado a Jesucristo, pero habían fracasado al ejecutar a sus seguidores. Extendida por los discípulos de Jesús, una religión totalmente nueva se movía por el imperio tan rápidamente como las llamas que habían destruido la ciudad. Por muy rápido que creciera el movimiento, sus seguidores todavía eran pocos en número comparados con otras religiones y a nadie le gustaban. Eran enemigos de romanos y judíos por igual y Nerón pensó que serían suficientemente fáciles de matar.

Y los mató. Acusándolos de iniciar el gran incendio de Roma, Nerón agrupó a cientos de cristianos y los ejecutó de maneras horrorosas. Destrozados por animales salvajes, apuñalados por gladiadores, quemados hasta morir; la Cristiandad podía haber estado todavía en su infancia y haber sufrido mucho, pero nunca tanto como sufrirían ahora. La mayoría de los historiadores actuales están de acuerdo en que los cristianos no estaban implicados en el inicio del gran incendio, pero no obstante asesinaron a cientos por ello, siendo seguramente uno de ellos el apóstol Pedro.

Para empeorar las cosas para el patriarcado, Nerón aumentó los impuestos y tributos para ayudar a reconstruir Roma (incluso aunque aparentemente tenía dinero para construir la *Domus Aurea*), e incluso devaluó la moneda romana por primera vez en la historia del Imperio. Todo esto aseguró que no todos habían caído en la treta de culpar a los cristianos del gran incendio. Era más que probable que fuera simplemente un accidente, puesto que no hubiera sido necesario mucho para prender la reseca y desorganizada Roma en llamas. Pero fuera cual fuera la causa del fuego, Nerón todavía estaba en un gran aprieto.

Los pecados del emperador estaban empezando a atraparle. Y antes de que el pueblo reclamara un ajuste de cuentas, la vida personal de Nerón sería la primera en sucumbir.

Capítulo 7 – Arrepentimiento

Nerón había hecho muchas cosas terribles en su vida. La sangre de cientos de inocentes manchaba sus manos, Británico era solo la primera persona inocente a la que había asesinado. Ahora, había ordenado una ola de persecución a lo largo del Imperio romano que llevaría muerte y destrucción a la creciente Iglesia cristiana. Y mientras la violenta persecución de la cristiandad por parte de Nerón fracasaba en arrancarla de raíz, ya que realmente inflamó las llamas y dispersó a los cristianos aún más lejos en todo el mundo, no había acabado de matar todavía. Su próxima víctima sería muy, muy cercana a él. Y su muerte le familiarizaría con un concepto que parecía haber eludido al emperador hasta ese momento: arrepentimiento.

A pesar del hecho de que Nerón estaba todavía "casado", aunque de forma no oficial a los ojos de la ley romana, con Pitágoras, también vivía con Popea. Según se dice, la hermosa Popea fue la única persona a la que realmente amó. Aunque casi siempre se considera que fue una mala influencia para Nerón, Popea intentó hacer algo bueno en su época como emperatriz. Tuvo una especial debilidad por su ciudad natal, Pompeya, cuyos habitantes erigieron estatuas en su honor y la consideraban una especie de heroína.

También estaba próxima a Nerón y parecía que los dos eran un matrimonio tan feliz como era posible, considerando que él era un asesino psicópata y un adúltero en serie. Parecía que él la amaba todavía a su manera, eso sí. Su primer hijo, una niña llamada Claudia Augusta, había muerto a los cuatro meses; en el año 65 d. C., sea como fuere, Popea estaba embarazada de otro bebé. Ese niño nunca llegaría a ver la luz del día. Y Popea tampoco la vería durante mucho más tiempo.

La atmósfera política en Roma nunca había sido más tormentosa. Nerón, que una vez había sido el predilecto del Senado, se había convertido en su peor enemigo. Los políticos romanos estaban empezando a verle como era realmente; sin Séneca, Burro y Agripina para mantenerle a raya, el gobierno de Nerón rápidamente se convirtió en un desastre total. El egoísmo de Nerón, su indigna participación en el arte y los juegos y su incesante indiferencia por todo lo que su elevado título significaba estaba irritando al Senado y encolerizando a la nobleza de Roma. A ninguno más que a Cayo Calpurnio Pisón.

Pisón era bien parecido, guapo y estaba bien conectado y podría haber sido el siguiente emperador de Roma si su extensa conspiración para asesinar a Nerón hubiera tenido éxito. En el año 65 d. C., rápidamente obtuvo en secreto el apoyo de muchos políticos. Desgraciadamente para Pisón y sus compañeros de conspiración, Nerón se enteró del plan antes de que pudiera dar fruto. Respondió con una mezquindad predecible, ordenando a los culpables a que se entregaran para matarlos o a suicidarse.

Séneca no tuvo que ver en la conspiración. Estoico hasta la médula, su filosofía le ordenaba que simplemente sobreviviera a las terribles circunstancias en las que se encontraba Roma. Lo hizo lo mejor que pudo para mejorarlas durante su carrera, haciendo campaña para que los esclavos fueran tratados mejor, entre otras cosas, pero decidió que la voluntad de los dioses era que Nerón fuera el emperador y eso era todo. Conspirar contra él no solo hubiera sido imprudente y peligroso, sino también impensable. Pero Nerón ya había probado que no necesitaba excusas para matar a aquellos que se interpusieran en su camino y Séneca no fue una excepción.

A pesar del hecho de que manifestó repetidamente su inocencia, Nerón no escuchó las palabras de su viejo consejero. Aunque había confiado en Séneca durante los primeros días de su reinado, Nerón ahora recordaba el terrible choque que había supuesto tener a ese anciano como tutor cuando él era un niño. Él había sido libre una vez, incluso feliz, en la casa de Domicia, libre para vestirse y dirigir sus discursos a cualquier público lo suficientemente desafortunado como para escucharle, libre para disfrutar de sus sueños de convertirse en un artista de talla mundial. Después, Claudio se casó con Agripina, y él había sido arrancado de Domicia y del bailarín y el barbero que ejercían como sus tutores. En su lugar, había sido obligado a estar con el anciano Séneca y, desde ese momento, su vida se había convertido en un ciclo de triste represión. Nerón había terminado con Séneca. Tenía una excusa para matarlo y él le quería muerto.

Séneca no protestó demasiado una vez que quedó claro que Nerón era sordo a toda razón. Con calma, tomó un cuchillo y se cortó él mismo las muñecas y las piernas. Y, discretamente, mientras dictaba su testamento a sus amigos, con su propia adorada esposa mirando, Séneca el Joven sangró hasta la muerte en su villa por un crimen que no había cometido.

Él no sería la única persona cercana a Nerón que moriría en el año 65 d. C. Popea sería la siguiente. Incluso aunque parecía que Nerón la había amado profundamente, con una pasión que bordeaba la obsesión, ella no estaba libre de su impredecible y tempestuosa personalidad. Aunque es posible que esta trama fuera inventada por los historiadores que odiaban a Nerón, no es difícil de creer que sus arrebatos de mal genio le llevaran a abusar físicamente incluso de Popea. Una noche, este abuso alcanzó un nuevo nivel de crueldad. Nerón estaba implacablemente furioso (posiblemente debido a la conspiración) cuando le propinó una rápida patada al abultado abdomen de Popea. La patada mató a su propio hijo casi instantáneamente.

Nerón podría no haber golpeado en absoluto a Popea, pero ella definitivamente tuvo un aborto y, en cualquier caso, el resultado fue el mismo. Ella murió y su muerte desgarró el corazón de Nerón cuando estaba empezando a ser puesto en duda, incluso, que todavía tuviera. Se zambulló en un periodo de profundo y potente duelo. Pero incluso en su dolor, la más entendible de las emociones humanas, el emperador todavía era capaz de ser brutal y perverso.

Popea había muerto solo unos meses atrás cuando obligó a Marco Julio Vestino Ático a quitarse la vida de manera que podía casarse con la esposa del cónsul fallecido, Estatilia Mesalina. Pero Estatilia no podía saciar su apetito sexual. El mismo año en que se casó con ella, llegó al palacio de Nerón un nuevo lote de *puer delicatus,* niños esclavos elegidos por su belleza. Uno de ellos llamó inmediatamente la atención de Nerón. Era un niño, con los ojos muy grandes y una belleza inocente que le recordaba asombrosamente a Popea. Ver al niño, cuyo nombre era Esporo, por el palacio, era como ver un fantasma y en algún lugar profundo en el pervertido cerebro de Nerón, germinó una atracción sexual hacia el chico.

La breve vida de Esporo nunca debió ser muy fácil, era un niño esclavo después de todo, probablemente entre los diez y los doce años y era tratado como una propiedad. Pero cuando Nerón se dio cuenta de su existencia, dio un dramático giro a peor. El niño fue violentamente castrado para preservar su apariencia juvenil y después se casó con el emperador en el año 67 d. C. Esta vez, a diferencia de con Pitágoras, Nerón desempeñó el papel de marido mientras Esporo hacía de mujer y también a diferencia de Pitágoras, el matrimonio de Esporo con Nerón sería oficial. Esporo fue tratado de "emperatriz" o "señora", aparecía con Nerón en público y se le concedieron todos los lujos que habían sido previamente concedidos a Popea. Todos los lujos menos uno, el único que este niño abusado y mutilado deseaba más que ninguna otra cosa: la libertad.

Capítulo 8 – El último asesinato

Ilustración III: Una amatista del siglo I mostrando una impresión de Nerón tocando la lira

Si el amor de Nerón por Popea había sido el último vestigio de su corazón, la última prueba de que quedaba algo de humanidad en él, entonces su muerte la había apagado. Para todos los que estaban cerca de él, se había demostrado que el emperador estaba perdido en sus fantasías de grandeza, perdido hasta el punto en el que violó a un niño inocente enloquecido de dolor por su esposa, perdido hasta el punto en el que nadie cercano a él estaba a salvo. Y el propio Imperio romano, que había resistido cientos de años, de reino a república y a imperio, tampoco estaba a salvo.

La paz que el Imperio romano había disfrutado bajo Tiberio, Claudio e, incluso, Calígula, estaba comenzando a mostrar grietas. Los britanos bajo el mando de Boudica fueron solo los primeros en levantarse contra los romanos. En el año 66 d. C., la primera guerra judeo-cristiana comenzó cuando el pueblo judío intentó quitarse los grilletes, comenzando una sangrienta revuelta que continuaría a lo largo de cuatro años.

Estaba claro que, con Nerón en el trono, popular como era con los plebeyos que vivían fuera de la diezmada Roma, el imperio era vulnerable a ataques. Y Nerón estaba demasiado ocupado construyéndose palacios dorados y abusando de niños para prestar verdadera atención a los asuntos de estado. Algo había que hacer con él y ya se había intentado una conspiración y había fallado. Solo una rebelión en estado avanzado sería suficiente para poner fin al reino de depravación de Nerón y, por tanto, se produjo la última revuelta del mandato de Nerón: Una revuelta de Roma contra sí misma.

El primer hombre que tomó las armas contra Nerón fue Cayo Julio Vindex, gobernador en la lejana Galia, que había pasado a formar parte del Imperio romano durante el reinado de Tiberio. Vindex era un ambicioso joven en su treintena, no mucho mayor que su emperador, y un estratega capaz. Había estado planeando derrocar a Nerón durante años, desde su juventud en la política romana; todo lo que necesitaba era alguien a quien coronar emperador en lugar de Nerón. El propio Vindex no era de alta cuna para eso, pero Servio Sulpicio Galba era un candidato ideal. Galba era un valiente comandante, a pesar de sufrir de artritis incapacitante; era de alta cuna y había gobernado grandes zonas de Roma con emperadores anteriores. Ahora, era el gobernador de España, y cuando Vindex contactó con él respecto a la rebelión, Galba estuvo de acuerdo en ser parte del plan.

Apoyado por los ciudadanos de la Galia, que estaban furiosos por los elevados tributos que tenían que pagar desde el gran incendio de Roma, Vindex puso en marcha su rebelión en el año 68 d. C. Estaba condenada y fue breve. Nerón era impopular, pero todavía era el emperador y envío a Lucio Verginio Rufo a lidiar con Vindex. Siendo un hombre profundamente honorable y un comandante militar experto, Verginio despachó a los hombres de Vindex. Sus ejércitos solo se encontraron en una batalla campal, pero fue más que suficiente para mostrar claramente que pasar por encima de las tropas de Nerón iba a ser más difícil de lo que Vindex había anticipado. Puesto que sus hombres habían sido reducidos y masacrados a su alrededor, Vindex se vio superado por la vergüenza. Se suicidó y sus hombres se batieron en retirada.

Nerón era tan odiado por los militares, sin embargo, que terminar con la rebelión de Vindex no significó poner punto final al deseo de otro emperador. Impresionados por las proezas de Verginio en la batalla, sus hombres inmediatamente se volvieron a él y trataron de hacerle emperador. Con el apoyo de los ejércitos de Roma, Verginio podría haber tomado la ciudad y hacerla suya. Pero curiosamente, en una época en la que la política romana había sido reducida a una constante apropiación egoísta del poder, Verginio lo rechazó. Les dijo a sus hombres que nunca sería emperador ni apoyaría a uno que no hubiera sido elegido conforme a la ley con el Senado y eso fue el final.

La rebelión en sí, no obstante, estaba lejos de terminar. Encolerizado por la muerte de Vindex, Galba decidió que había llegado el momento de levantarse contra el emperador. Junto con Otón, el viejo amigo de Nerón, ahora gobernador de Lusitania, Galba empezó a marchar hacia Roma sin oposición.

El propio Nerón había acogido las noticias de la rebelión de Vindex con frívolo desdén. Él había sabido que Verginio se encargaría de ello, no era la primera revuelta que había visto y sabía que terminaría con la parte culpable derrotada de forma segura. Pero cuando Galba y Otón empezaron a marchar hacia Roma, Nerón supo que las cosas habían cambiado. Empezó a preocuparse y su preocupación se debía a una buena razón. En junio del año 68, el Prefecto Pretoriano declaró su lealtad a Galba. El Senado pronto le siguió declarando a Galba emperador y condenando a Nerón a muerte.

Nerón estaba petrificado. Todos los senadores que había matado, los políticos a los que había agraviado, el pueblo al que él había violado, asesinado y saqueado, finalmente se había levantado contra él. Sus propios pecados estaban volviendo a él como una manada de lobos merodeando, aullando sobre las siete colinas de Roma por su sangre. Al principio, intentó intimidar para salir del caos, ordenando a algunos oficiales de la armada que prepararan sus barcos y le llevaran al leal oriente. Pero se negaron. Aterrado, Nerón sabía que no le quedaban amigos ni favores. Y aunque durmió en el palacio esa noche, se levantó en torno a la medianoche solo para descubrir que sus guardias se habían ido. El emperador estaba tan desnudo y vulnerable como habían estado sus muchas víctimas durante las brutales orgías en la *Domus Aurea*.

El palacio vacío condujo a Nerón a una profunda depresión que nunca había sentido antes. Fiel a su espíritu dramático hasta el fin, Nerón se tambaleó cruzando los salones vacíos, clamando por un gladiador que fuera a matarle. Pero el palacio estaba vacío, excepto por un puñado de sus libertos, los únicos amigos que le quedaban. Estaban Neófito, Faón y el secretario personal de Nerón, Epafrodito. Faón tenía una villa a unas cuantas millas del límite de la ciudad y se ofreció a llevar a Nerón allí y mantenerle a salvo. Llevándose a Esporo con él, Nerón huyó con los libertos a la villa de Faón.

Sin embargo, incluso allí, no estaba a salvo. Nadie podía estar a salvo, no ahora que toda Roma estaba clamando por su sangre. El pueblo que había disfrutado de las representaciones públicas de Nerón estaba como loco por ver ahora una ejecución, y una muchedumbre empezó a reunirse en las calles, algo que el horrorizado emperador vio desde las ventanas de la villa de Faón. Un ejército estaba en camino para llegar y cogerle, puesto que incluso su propia guardia pretoriana se había reunido contra él. Nerón, obviamente, creyó que le iban a matar. Sin embargo, él no sabía que el Senado había decidido que él tendría que ser protegido de alguna forma; era el último de los julio-claudios, e incluso aunque no fuera bueno para nada más, al menos algún día podría producir un heredero.

Nerón no lo sabía. Todo lo que sabía era que estaba siendo cazado, y ahora se había caído al suelo como algún animal indefenso con los sabuesos en sus talones. Paseando dramáticamente arriba y abajo por las terrazas de la villa de Faón, decidió que moriría como había vivido, con sus propias condiciones. Los últimos tres emperadores habían sido asesinados y Nerón sería diferente. Él rechazó ser asesinado. Si alguien iba a cometer el asesinato, sería el propio Nerón.

Pero ahora, enfrentado con su último asesinato, Nerón había perdido el poco valor que alguna vez tuvo. No podía decidirse a hacerlo por sí mismo. En su lugar, con la guardia pretoriana llamando a las puertas, se volvió hacia Epafrodito y rogó a su leal secretario que cometiera el acto. Incluso ahora, el emperador no sería desobedecido. Epafrodito sacó su cuchillo y apuñaló a Nerón en el cuello. La guardia pretoriana irrumpió para llevar a Nerón al palacio de forma segura, pero era demasiado tarde. El emperador ya estaba desangrándose en el suelo, tosiendo sus últimas palabras. Eran un poco irónicas, pero totalmente trágicas, quizá revelando más que cualquier otra cosa lo que Nerón pensaba que era.

"¡Qué gran artista muere conmigo!" graznó, rociando sangre. Y así, el más depravado de todos los emperadores romanos murió finalmente el 9 de junio del año 68 d. C.

Conclusión

De forma bastante extraña, a pesar del hecho de que había sido odiado por sus contemporáneos, los cristianos y la historia en general durante casi 2000 años, Nerón había sido popular, sin lugar a duda, con los plebeyos. Había perdido su influencia con aquellos que vivían realmente en Roma después del gran incendio, pero a los plebeyos en las áreas exteriores del Imperio romano les gustaba el hecho de que su emperador no estaba por encima de disfrutar de los mismos juegos y arte que a ellos.

No llevó mucho tiempo, considerando las circunstancias sospechosas de la muerte de Nerón, antes de que empezara a circular la leyenda entre los plebeyos de que Nerón no estaba muerto realmente, y que, si lo estaba, había vuelto, como una versión retorcida de un rey Arturo romano. La leyenda del Nerón redivivo (Nerón renacido) continuó siendo lo bastante popular para que se produjeran varias rebeliones menores impulsadas por hombres que proclamaban ser la reencarnación del emperador fallecido. Ninguna de ellas ganó mucho territorio, no obstante, y en su lugar, Roma se vio inmersa en un periodo de caos absoluto conocido como el año de los cuatro emperadores, siendo Galba el primero. La paz romana, que empezó durante el largo reinado de Augusto, había acabado

En su lugar había caos, una Roma literal y figuradamente violada por el último emperador julio-claudio y obsesionada por el recuerdo de una de las figuras históricas más coloridas de todos los tiempos. El mundo ha conocido muchos tiranos y déspotas en los 2000 años que han pasado entre ahora y el gobierno de Nerón. Pero Nerón por sí mismo destaca más que la vida, un megalomaníaco y villano tan terriblemente malo que apenas parece real. Uno se queda atónito, casi sin palabras, cuando ve la multitud de atrocidades que cometió. Incluso en las vidas de muchas de las figuras más despreciables de la historia había un vestigio de humanidad, un trasfondo, una razón para su comportamiento. Pero Nerón juega en una liga propia, un villano que derrota a todos los villanos.

Quizá la única explicación real que podemos encontrar para el comportamiento de Nerón subyace en los años de opresión que sufrió por parte de Séneca, Burro y Agripina. Los tres, por diferentes razones, querían que fuera algo que nunca fue. En otro mundo, un mundo en el que Claudio no se hubiera casado nunca con Agripina, quizá Nerón hubiera entrado en la historia como un artista, un animador, un escritor, un orador o un músico sin rival.

En su lugar, entró como uno de los más terribles de todos los emperadores romanos. Y merecidamente.

Fuentes

https://www.history.com/topics/ancient-rome/ancient-rome
https://www.thoughtco.com/the-roman-republics-government-120772
https://www.history.com/topics/ancient-history/caligula
https://www.history.com/news/8-things-you-may-not-know-about-emperor-claudius
https://rogueclassicism.com/2012/06/09/caligulas-bridge/
https://www.britannica.com/biography/Julia-Agrippina
https://www.thoughtco.com/caligulas-sister-julia-agrippina-scandalized-rome-116800
https://www.thoughtco.com/all-about-nero-119988
https://www.revolvy.com/page/Domitia-Lepida-the-Younger
http://www.theancientworld.net/civ/roman_empire_culture.html
https://earlychurchhistory.org/politics/claudia-acte-neros-mistress/
https://www.thoughtco.com/life-of-seneca-120977
http://etc.ancient.eu/education/agrippina-the-younger/
https://www.armstrongeconomics.com/research/monetary-history-of-the-world/roman-empire/chronology_-by_-emperor/imperial-rome-julio-claudian-age/agrippina-jr-3rd-wife/
https://www.roman-emperors.org/octavia.htm
http://www.bbc.co.uk/history/historic_figures/nero.shtml
https://listverse.com/2016/08/08/10-stories-about-nero-more-shocking-than-fiction/
http://www.eyewitnesstohistory.com/rome.htm
https://www.historytoday.com/archive/months-past/great-fire-rome

https://www.nationalgeographic.org/thisday/jul19/great-fire-rome/
https://www.historyhit.com/did-nero-really-start-the-great-fire-of-rome/
http://www.bbc.co.uk/history/ancient/romans/christianityromanempire_article_01.shtml
https://culturacolectiva.com/history/sporus-emperor-nero-eunuch-wife
https://www.ancientworldmagazine.com/articles/death-seneca/
https://www.encyclopedia.com/reference/encyclopedias-almanacs-transcripts-and-maps/poppaea-sabina
http://the-history-girls.blogspot.com/2018/05/the-eunuch-that-would-be-empress-by-lj.html
https://www.thoughtco.com/poppaea-sabina-biography-3525460
https://www.ancient.eu/Galba/
https://www.livius.org/articles/person/verginius-rufus/
https://www.livius.org/articles/person/julius-vindex/
https://www.livescience.com/40277-emperor-nero-facts.html
https://www.historyhit.com/68-the-death-of-nero-last-of-the-caesars/
https://www.history.com/topics/ancient-history/nero
https://www.thoughtco.com/all-about-nero-119988

Ilustración I:
https://commons.wikimedia.org/wiki/File:Nero_Agrippina_aureus_54.png

Ilustración II: Por Hubert Robert - http://www.kunst-fuer-alle.de/index.php?mid=77&lid=1&blink=76&stext=caesar&cmstitle=Bilder,-Kunstdrucke,-Poster:-Caesar&start=80, Dominio público, https://commons.wikimedia.org/w/index.php?curid=6606073

Ilustración III:
https://commons.wikimedia.org/wiki/File:Intaglio_Nero_CdM.jpg

Vea más libros escritos por Captivating History

www.ingramcontent.com/pod-product-compliance
Lightning Source LLC
LaVergne TN
LVHW042002060526
838200LV00041B/1836